Inhaltsverzeichnis

Vorwort	2
Tipps zur Organisation der Lernwerkstatt	3
Hinweise zu den einzelnen Werkbereichen	3
Werkstattplan	5
Auftragskarten	5
Arbeitsblätter zu den Werkbereichen	14
Lösungen	43

Vorwort

Wie selbstverständlich leben wir auf der Erde – und nehmen sie meist gar nicht als einen besonderen Ort wahr. Erst auf Reisen in ferne Länder und Kontinente, in den Regenwald, die Wüste oder über tiefblaue Ozeane bemerken wir, wie vielfältig und faszinierend die Lebensräume unserer Erde doch sind.
Betrachtet man die anderen, unbelebten Planeten unseres Sonnensystems, erscheint es umso mehr wie ein Wunder, welche unterschiedlichen Formen das Leben auf unserer Erde angenommen hat. Und damit nicht genug. Schon seit mehreren tausend Jahren versuchen die Menschen, Erklärungen für sämtliche naturwissenschaftliche Erscheinungen und Prozesse der Erde zu finden – und haben längst nicht alle Fragen beantwortet. Noch immer gibt es viele unbekannte Rätsel, die es zu erforschen gilt.

In dieser Lernwerkstatt reisen die Kinder kreuz und quer über unseren Planeten, ins glühend heiße Innere der Erde bis hin zu den äußersten Grenzen unserer Atmosphäre. Sie lernen verschiedene Landschaften mit ihren heimischen Tieren kennen, kommen dem Rätsel der Entstehung des Lebens auf die Spur und erfahren, warum Vulkane Feuer spucken. Mit Hilfe von Experimenten erkunden sie, warum die Kompassnadel immer nach Norden zeigt und wie ein Erdbeben entsteht.

Für die Bearbeitung der Aufgaben benötigen die Kinder keine detaillierten Kenntnisse in Kartenkunde. Allerdings setzen einige Arbeitsblätter das Wissen um die Himmelsrichtungen auf Karten voraus. Von daher bietet es sich an, dass Sie vorab mit Ihren Schülerinnen und Schülern* die Himmelsrichtungen auf Karten (Norden → oben, Westen → links, Süden → unten, Osten → rechts) einüben. Ggf. können Sie diese auch auf den betreffenden Kopien einfügen, damit den Kindern die Orientierung leichter fällt.

Viele Arbeitsblätter lassen sich auch außerhalb der Arbeit an Stationen zu anderen Themen, wie zum Beispiel „Planeten" oder „Europa", im Unterricht einsetzen.

Ich wünsche Ihnen und Ihrer Klasse viel Spaß bei dieser Entdeckungsreise rund um die Erde!

Teresa Zabori

*Hinweis:
Aus Gründen der besseren Lesbarkeit wird im Folgenden auf eine sprachliche Differenzierung der weiblichen und männlichen Bezeichnungen verzichtet.

Literaturhinweise
Folgende Bücher eignen sich gut für eine Lesekiste:
- „Die Erde für clevere Kids", Doring Kindersley 2013
- „Die Erde", Memo clever: Das schlaue Taschenlexikon. Doring Kindersley 2014
- Köthe, Rainer: „Unsere Erde", Was ist Was, Bd. 1 (alte Ausgabe), Tessloff 1998
- Ottinger, Iris: „Mein großes Buch von Himmel und Erde. Unsere Welt spannend erklärt", Compact 2014
- Urban, Karl: „Unsere Erde. Der blaue Planet", Was ist Was, Bd. 1 (Neuausgabe), Tessloff 2013

Internetadressen:
- *www.nela-forscht.de/kinderfragen/rund-um-die-erde/*
- *www.planet-wissen.de/natur/index.html*

Tipps zur Organisation der Lernwerkstatt

Für die Arbeit mit der Lernwerkstatt sollten alle Materialien für die Kinder frei zugänglich auf Tischen, Regalen oder Fensterbänken bereitgestellt werden.

Die Auftragskarten können auf festes Papier kopiert und laminiert bzw. in Prospekthüllen gesteckt werden, damit sie möglichst lange halten. Sie werden in einzelne Ablagefächer gelegt.

Die Arbeitsblätter können vorab in Pflicht- und Wahlangebote unterteilt werden. Arbeitsblätter, die grundlegendes Wissen vermitteln, sollten von allen Kindern bearbeitet werden, während die anderen Angebote nach den speziellen Interessen der Kinder ausgewählt werden können. Einige Arbeitsblätter bauen aufeinander auf. So sollten die Kinder das Angebot „Wie sieht es in der Erde aus?" vor den Arbeitsblättern „Die Erdplatten", „Experiment: Was passiert bei einem Erdbeben?" und „Wie bricht ein Vulkan aus?" bearbeiten. Um den Kindern eine Selbstkontrolle zu ermöglichen, sollte zu jedem Angebot ein fertig ausgefülltes, laminiertes oder in eine Prospekthülle gestecktes Arbeitsblatt mit Lösungen bereitgelegt werden.

Vor Beginn der Werkstattarbeit erhält jedes Kind einen Werkstattplan mit den gekennzeichneten Pflicht- und Wahlstationen (s. S. 5). Für jede Station wird ein „Chef" bestimmt, der sich mit dem betreffenden Thema besonders gut auskennt und die Lösungen seiner Mitschüler auf ihre Richtigkeit hin überprüft.
Die bearbeiteten Werkbereiche werden vom Chef nach der Kontrolle unterschrieben und anschließend von den Kindern auf dem Werkstattplan abgehakt. Zur besseren Übersicht kann man den Werkstattplan hochkopieren, auf ihm die Namen der einzelnen Chefs notieren und ihn im Klassenraum aufhängen.

Die vorliegenden Materialien können natürlich nicht nur in Form einer Lernwerkstatt, sondern auch im herkömmlichen Sachunterricht eingesetzt werden.

Zum Thema „Erde" gibt es viele schöne Kindersachbücher und Atlanten. Diese können in einer Leseecke bereitgestellt werden, in der die Kinder ergänzend zu den Arbeitsblättern nach weiteren Informationen zum Thema stöbern können. Viele Büchereien stellen auf Anfrage auch eine Lese- oder Medienkiste zusammen.

Hinweise zu den einzelnen Werkbereichen

Zu „Die Entstehung des Lebens auf der Erde", S. 14–16:
Die zeitlichen Dimensionen der Entstehung des Lebens auf der Erde können Sie Ihren Schülern gut anhand einer Zeitleiste veranschaulichen.
Dazu ziehen Sie einen zum Beispiel zehn Meter langen Kreidestrich an den Wänden des Klassenraumes entlang und markieren u. a. folgende Stationen: Anfang / 4 600 Mio. Jahre → Entstehung der Erde bzw. unseres Sonnensystems; bei 7 m / 3 500 Mio. Jahre → erste Lebewesen / Einzeller / Bakterien entstehen im Wasser; bei 80 cm / 405 Mio. Jahre → Pflanzen wachsen an Land / Amphibien entwickeln sich; bei 50 cm / 250 Mio. Jahre → das Zeitalter der Saurier beginnt; bei 13 cm / 65 Mio. Jahre → Saurier sterben aus / Säugetiere verbreiten sich über die Erde; bei 0,5 cm / 2 Mio. Jahre → Vorfahren der Menschen tauchen auf; Jahr 0 → so leben wir heute
Die einzelnen Stationen der Entwicklung des Lebens auf der Erde können durch Bilder (z. B. Zeichnungen der Kinder) markiert werden, sodass die Kinder diese immer gut vor Augen haben und verinnerlichen.

Zu „Wie sieht es in der Erde aus?", S. 20:
Den Aufbau der Erde kann man den Kindern auch gut anhand eines hartgekochten Eis verdeutlichen: Die Eierschale entspricht der Erdkruste, das Eiweiß dem Erdmantel und der Dotter dem Erdkern.

Zu „Experiment: Was passiert bei einem Erdbeben?", S. 22:

Als Einstieg in das Thema können Sie den Kindern ein Bild von den möglichen Auswirkungen eines Erdbebens zeigen, auf dem zerstörte Häuser, Straßen etc. zu sehen sind. Die Kinder können Vermutungen äußern, wodurch diese Zerstörung hervorgerufen wurde. Gleichzeitig können sie dabei auch an ihre eigenen Erfahrungen anknüpfen – sicher hat das ein oder andere Kind schon einmal von einem Erdbeben mit schrecklichen Folgen für die Menschen gehört, Bilder davon gesehen oder sogar schon ein kleineres Erdbeben selbst erlebt.

Zu „Wie bricht ein Vulkan aus?", S. 23:

Ein Experiment ist immer eine schöne Veranschaulichung für den Ausbruch eines Vulkans.
Ein Vulkanausbruch kann ganz einfach im Klassenraum simuliert werden. Die Kinder formen dazu aus Knete kleine Berge bzw. Vulkane (mind. 5 cm hoch), in die Mitte der Berge bohren sie mit den Fingern einen Schlot. Vorsicht: Dieser darf nicht bis zum Boden reichen. Die Vulkane werden in tiefe Teller gestellt und jeder Schlot wird mit jeweils einem Teelöffel Backpulver und Brausepulver gefüllt. (Am besten wird beides schon vorher gut vermischt!) Dann geben die Kinder ein bis zwei Tropfen Spülmittel in die Schlote und träufeln anschließend mit einer Pipette etwas Essig hinzu.
Eine spektakulärere Variante ist ein Vulkanausbruch im Sandkasten mit Zitronensäure und Natron – dieses Experiment müssen Sie jedoch als **Lehrkraft selbst durchführen,** da die Reaktion zu heftig und für die Kinder zu gefährlich ist!

Zu „Der Kreislauf des Wassers", S. 28:

Interaktive Animationen zum Wasserkreislauf finden Sie im Internet zum Beispiel unter:
http://www.klassewasser.de/content/language1/html/869.php oder
http://www.kindernetz.de → Infonetz → Tiere – Natur → Element Wasser → Wasserkreislauf

Zu „Der Globus – ein Modell der Erde", S. 31:

Bitte stellen Sie den Kindern zum Lösen der Aufgaben einen Globus bereit. Es bietet sich an, ihn vorab mit den Schülern gemeinsam zu betrachten bzw. die Kinder ihn sich in Kleingruppen ansehen zu lassen.
Mit Hilfe des Globus und einer (Taschen-)Lampe kann man den Kindern in einem abgedunkelten Raum auch sehr gut veranschaulichen, wie Tag und Nacht entstehen.

Zu „Die Erde – ein riesiger Magnet", S. 32 – 33:

Für die Durchführung benötigen die Kinder einen Stabmagneten. Damit das Experiment funktioniert, sollten sich keine anderen magnetischen Gegenstände im Klassenraum befinden, da der Magnet sonst abgelenkt werden kann.
Vorsicht: Halten Sie mit dem Magneten unbedingt einen großen Sicherheitsabstand zu Handys, Kreditkarten, Laptops, Uhren etc.! Starke Magnete können diese zerstören!
Darüber hinaus können sich Magnete auch auf die Funktion von **Herzschrittmachern** auswirken – auch hier gelten erhöhte **Vorsichtsmaßnahmen!**
Im Anschluss an das Experiment können die Schüler ihr Ergebnis mit einem echten Kompass überprüfen.

Zu „Das Leben in den Großstädten", S 36 – 37:

Die Blanko-Karte auf S. 37 muss für jedes Kind doppelt kopiert werden, damit sowohl die afrikanische bzw. asiatische Großstadt als auch die eigene Heimatstadt gemalt werden können.

Zu „Landschaften und ihre Tiere", S. 37 (unten) – 42:

Wenn die Karteikarten vorab auf Folie kopiert werden, können Sie mit den Kindern die Landschaften gemeinsam in der Klasse betrachten und die jeweiligen Unterschiede thematisieren.
Die Arbeitsblätter können nur mit Hilfe der Karteikarten bearbeitet werden. Damit die Kinder in Kleingruppen die jeweiligen Tiere auf die Karteikarten kleben können, sollten Sie die Kartei mehrmals (einmal für jede Kleingruppe) kopieren. Aus den bunten, fertig gestalteten Karteikarten können die Kinder auch Collagen erstellen, die im Klassenraum aufgehängt werden. Wenn Sie mit den Kindern besprechen wollen, auf welchen Erdteilen die Tiere leben, können Sie die Schüler die Tierbilder auch auf einer großen Weltkarte richtig zuordnen lassen.
Hinweis: Aus Platzgründen wurden die Karteikarten zu Auftragskarte 17 **vor** die Arbeitsblätter (s. S. 41 und 42) gesetzt.

Werkstattplan

von: _____

Nr.	Werkstatt-Angebote	bearbeitet am	Unterschrift
1	Die Entstehung des Lebens auf der Erde		
2	Unser Sonnensystem		
3	Warum können wir auf der Erde leben?		
4	Wie sieht es in der Erde aus?		
5	Die Erdplatten		
6	Experiment: Was passiert bei einem Erdbeben?		
7	Wie bricht ein Vulkan aus?		
8	Hohe Gebirge		
9	Die Atmosphäre		
10	Der Kreislauf des Wassers		
11	Ozeane und große Flüsse		
12	Der Globus – ein Modell der Erde		
13	Die Erde – ein riesiger Magnet		
14	Warum fallen wir nicht von der Erde hinunter?		
15	Großstädte der Erde		
16	Das Leben in den Großstädten		
17	Landschaften und ihre Tiere		

✂ ··

Die Entstehung des Lebens auf der Erde

(1)

1. ✂ Schneide die Bilder aus.
   👓 Lies die Texte und ordne ihnen die richtigen Bilder zu.

2. Ist alles richtig? Kontrolliere mit einem Nachbarn.
   🖌 Klebe die Bilder dann auf und ✂ schneide die Seiten aus.
   Hefte die Seiten dann zu einem kleinen Büchlein zusammen.
   Achte darauf, dass du die richtige Reihenfolge einhältst.
   Du kannst dein Büchlein auch bunt 🖍 anmalen.

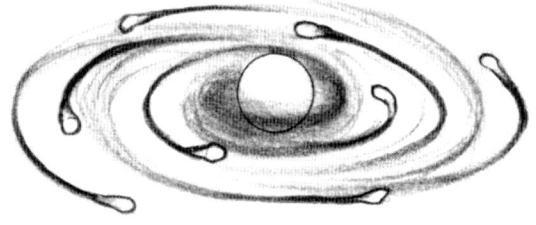

Unser Sonnensystem

1. 👓 Lies den Text und 👁 schaue dir die Abbildung gut an.

2. 👓 Lies nun die Sätze unten ganz genau und ✎ kreise ein, ob sie richtig (☺) oder falsch (☹) sind.
   ✎ Schreibe das Lösungswort auf die Linien und schreibe die falschen Sätze **richtig** in dein Heft.

Warum können wir auf der Erde leben?

1. 👓 Lies den Text auf Arbeitsblatt 1.
   ✎ Unterstreiche wichtige Informationen.

2. ✎ Beschrifte das Bild. Die Wörter aus dem Kasten helfen dir dabei.

3. Im Suchsel auf Arbeitsblatt 2 haben sich waagerecht → und senkrecht ↓ vier Wörter versteckt. Findest du sie?
   ✎ Markiere sie farbig und schreibe sie hinter die kleinen Erdkugeln.
   ✎ Schreibe dann dahinter auf die Linien, warum diese Dinge für unser Leben auf der Erde wichtig sind.

Zusatzaufgabe: Informiere dich in Sachbüchern oder im Internet über einen anderen Planeten in unserem Sonnensystem. Warum können wir auf ihm nicht leben? Suche auch nach einem Bild von ihm und stelle ihn den anderen Kindern in der Klasse vor.

Wie sieht es in der Erde aus?

1. 👓 Lies den Text.

2. ✏️ Beschrifte die Abbildung richtig.
   Tipp: Du findest die Wörter fettgedruckt im Text.

3. 🖍️ Male die Abbildung an. Benutze für jede Schicht eine andere Farbe:
   Erdkruste = braun
   Erdmantel = rot
   Erdkern = gelb

4. ✏️ Schreibe nun die Temperaturen der einzelnen Schichten in der passenden Farbe auf die Linien.

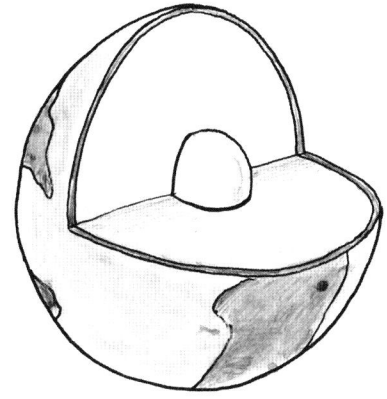

Die Erdplatten

1. Informiere dich im Text über die Erdplatten.

2. ✏️ Verbinde die Texte mit den passenden Bildern.

3. Nun weißt du, wie Gebirge entstehen.
   ✏️ Erkläre es unten in eigenen Worten.

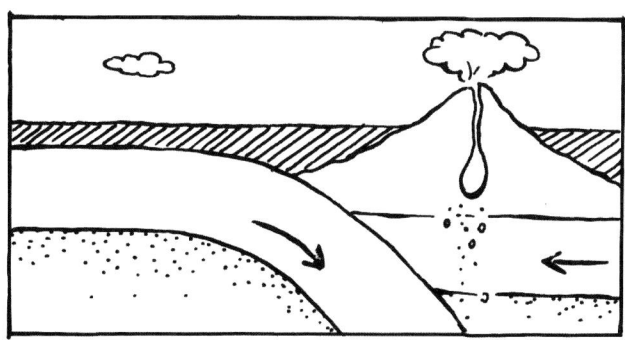

Experiment: Was passiert bei einem Erdbeben?

1. Führe das Experiment durch.

2. Nun weißt du, was bei einem Erdbeben geschieht.
   ✏️ Schreibe die Sätze zu Ende. Ist alles richtig?
   Kontrolliere mit einem 😊😊 Partner.

3. Hast du schon einmal selbst ein Erdbeben erlebt?
   Wenn ja, 👄 erzähle in der Klasse davon.

Wie bricht ein Vulkan aus?

1. 👓 Lies im Text, wie es zu einem Vulkanausbruch kommt.
   ✏️ Unterstreiche wichtige Wörter mit Bleistift und Lineal.

2. ✂️ Schneide die Wortkästen unten aus.
   Ordne sie im Bild richtig zu und 🏷️ klebe sie auf.

3. ✏️ Zeichne den Weg des Magmas mit Pfeilen ein.
   🖌️ Male das Bild dann bunt an.

Hohe Gebirge

1. 👁 Sieh dir die Karte auf Arbeitsblatt 1 gut an.

2. Finde heraus, wie die Gebirge heißen.
   👓 Lies dazu die Sätze auf Arbeitsblatt 2 genau.
   ✏ Schreibe dann die Namen der Gebirge in die Karte.

3. Der höchste Berg der Erde ist der Mount Everest. Er befindet sich im Himalaja-Gebirge.
   👁 Suche ihn auf der Karte und ✏ beschrifte ihn.

4. Kannst du die Fotos auf Arbeitsblatt 2 richtig ✏ beschriften?

8

Die Atmosphäre

1. 👓 Lies die Texte und sieh dir das Bild auf Arbeitsblatt 1 gut an.

2. Löse nun die Aufgaben auf Arbeitsblatt 2. Wenn du etwas nicht weißt, 👓 lies noch einmal auf Arbeitsblatt 1 nach.

9

Der Kreislauf des Wassers

1. 👁 Sieh dir das Bild gut an.
   👓 Lies die Sätze und ✏ ordne ihnen die richtigen Nummern zu.
   ✂ Schneide die Kärtchen nun aus und bringe sie in die richtige Reihenfolge.
   🧴 Klebe sie dann auf.

2. ✏ Male das Bild nun aus. ✏ Male das Wasser blau, die anderen Farben kannst du dir aussuchen.

3. ✏ Beschreibe den Kreislauf des Wassers in deinem Heft. Suche dir dazu eine Station aus, mit der du beginnst.
   Beispiel: Die Sonne erwärmt das Meer. Das Wasser verdunstet. Der Wasserdampf kondensiert …

Ozeane und große Flüsse

1. 👁 Sieh dir die Ozeane und Flüsse auf der Karte (Arbeitsblatt 1) gut an.
   ✏ Male sie blau.

2. ✏ Löse nun das Kreuzworträtsel auf Arbeitsblatt 2.
   Ist alles richtig? Dann ✏ schreibe das Lösungswort auf die Linien.
   Weißt du, wo dieses Gewässer auf der Karte zu finden ist?
   Tipp: Es gehört zum Atlantischen Ozean! 👁 Schaue in einem Atlas nach und ✏ schreibe den Namen auf die Linie.

Der Globus – ein Modell der Erde

1. 👁 Sieh dir den Globus an. 👓 Lies dann den Text. Findest du die dort genannten Dinge auf dem Globus wieder?

2. ✏ Beschrifte nun die Abbildung.

3. 😊😊 Suche dir einen Partner.
   👄 Stellt euch gegenseitig Fragen zu den neu gelernten Wörtern, wie zum Beispiel:
   • Wo befindet sich der Nordpol?
   • Welche Kontinente liegen auf der Südhalbkugel?
   • Wie viele Breitengrade zählst du?

Die Erde – ein riesiger Magnet

1. Führe das Experiment durch.
   ✏ Notiere dabei deine Vermutung und deine Beobachtung. Findest du dafür eine Erklärung?

2. Wohin zeigen die Magnete? Das erfährst du, wenn du die Wörter auf Arbeitsblatt 2 richtig in die Lücken einsetzt.

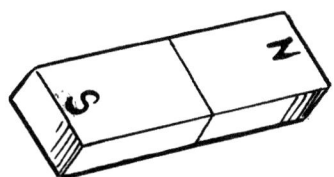

Warum fallen wir nicht von der Erde hinunter?

1. 👓 Lies das Interview über die Schwerkraft der Erde.

2. Nach dem Gespräch mit Herrn Maier hat Jannis alles Wichtige zusammengefasst. Einige Dinge hat er allerdings nicht richtig verstanden. Findest du die Fehler? ✏️ Streiche sie durch und verbessere sie.
✏️ Schreibe den Text dann noch einmal richtig in dein Heft.

Großstädte der Erde

1. 👁 Sieh dir die Städte mit ihren Einwohnerzahlen an.

2. Ordne die Städte der Größe nach.
✏️ Schreibe ihre Namen mit der Einwohnerzahl in die Tabelle.

3. ✏️ Schreibe in das letzte Kästchen den Namen der Stadt, in der du lebst.
✏️ Trage auch die Einwohnerzahl ein.
Tipp: Frage deine Lehrerin oder deine Eltern, wie viele Menschen in eurer Stadt wohnen.

Das Leben in den Großstädten

16

1.  Lies den Text über das Leben in den Großstädten der Erde.
   Schaue dir auch die Bilder an.

2. Lies den Text noch einmal und unterstreiche wichtige Informationen.

3. Male auf die leere Karte, wie du dir das Leben in einer Großstadt in Asien, Südamerika oder Afrika vorstellst.
   Male dann auf die zweite Karte, wie du lebst.
   Hängt eure Karten anschließend in der Klasse auf und sprecht über die Unterschiede.

Landschaften und ihre Tiere

17

1. Lies die Texte über die Tiere der Erde.

2. Finde mit Hilfe der Kartei heraus, in welchen Landschaften die Tiere leben.
   Schreibe die passenden Namen der Landschaften auf die Linien des Arbeitsblattes.

3. Schneide nun zusammen mit anderen Kindern die Tierbilder aus und klebe sie in die passenden Landschaften.

4. Malt die Bilder in der Kartei dann bunt an.

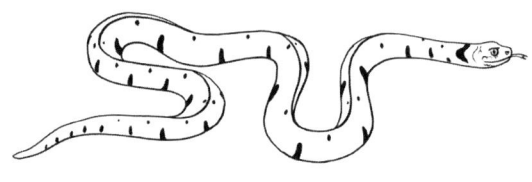

Name: _____ Datum: _____

Die Entstehung des Lebens auf der Erde (1)

①
Ein riesiger Stern explodierte.
Aus Staub und Gasen entstand eine
große Scheibe im Weltraum, die sich
drehte. Sie zog sich immer stärker
zusammen. In ihrer Mitte entstand
eine riesige Kugel: unsere Sonne.

②
Um die Sonne kreisten weitere Staub-
teilchen und Gase. Aus ihnen bildeten
sich vor etwa 4,6 Milliarden Jahren acht
Planeten und somit auch unsere Erde.

③
Auf der Erde war es zunächst
ziemlich kalt. Ständig schlugen
Gesteinsbrocken aus dem Weltall auf sie
ein. Dadurch wurde es im Inneren der
Erde immer wärmer. Die Erde begann,
von innen aufzuschmelzen.

④
Die glühend heiße Erde stieß mit
einem Gesteinskörper zusammen,
der so groß wie der Mars war. Dadurch
wurden Teile der Erde in den Weltraum
gesprengt. Diese bildeten im Laufe der
Zeit einen neuen Himmelskörper: den
Mond.

⑤
Langsam kühlte sich die Erde
wieder ab. Vulkane durchbrachen die
Erdoberfläche und bliesen Wasserdampf
in den Himmel. Es begann zu regnen.
Der Regen dauerte mehrere tausend
Jahre: Die Ozeane und Kontinente ent-
standen.

Name: _____ Datum: _____

Die Entstehung des Lebens auf der Erde (2)

①

⑥ Vor etwa 3,5 Milliarden Jahren entstanden im Wasser die ersten Lebewesen. Es waren zunächst winzige Einzeller. Diese lagerten sich im Laufe der Zeit zu immer größeren Klumpen zusammen.

⑦ Nach und nach entwickelten sich im Wasser immer mehr Tiere und Pflanzen. Zunächst lebten im Meer nur Einzeller, Pilze, Bakterien und Weichtiere wie Muscheln. Später kamen auch Fische hinzu.

⑧ Vor 405 Millionen Jahren wuchsen die ersten Pflanzen auch an Land. Es entwickelten sich Amphibien, die sich teils im Wasser und teils an Land aufhielten. Später tauchten die ersten Reptilien und Insekten auf.

⑨ Vor etwa 250 Millionen Jahren begannen Saurier, das Leben auf der Erde zu beherrschen. Aus Reptilien entwickelten sich die Vögel.

⑩ Vor 65 Millionen Jahren starben die Saurier aus. An ihrer Stelle breiteten sich die Säugetiere über die Erde aus. Vor etwa zwei Millionen Jahren entwickelten sich die Vorfahren der Menschen in Afrika.

Name: _____ Datum: _____

Die Entstehung des Lebens auf der Erde (3)

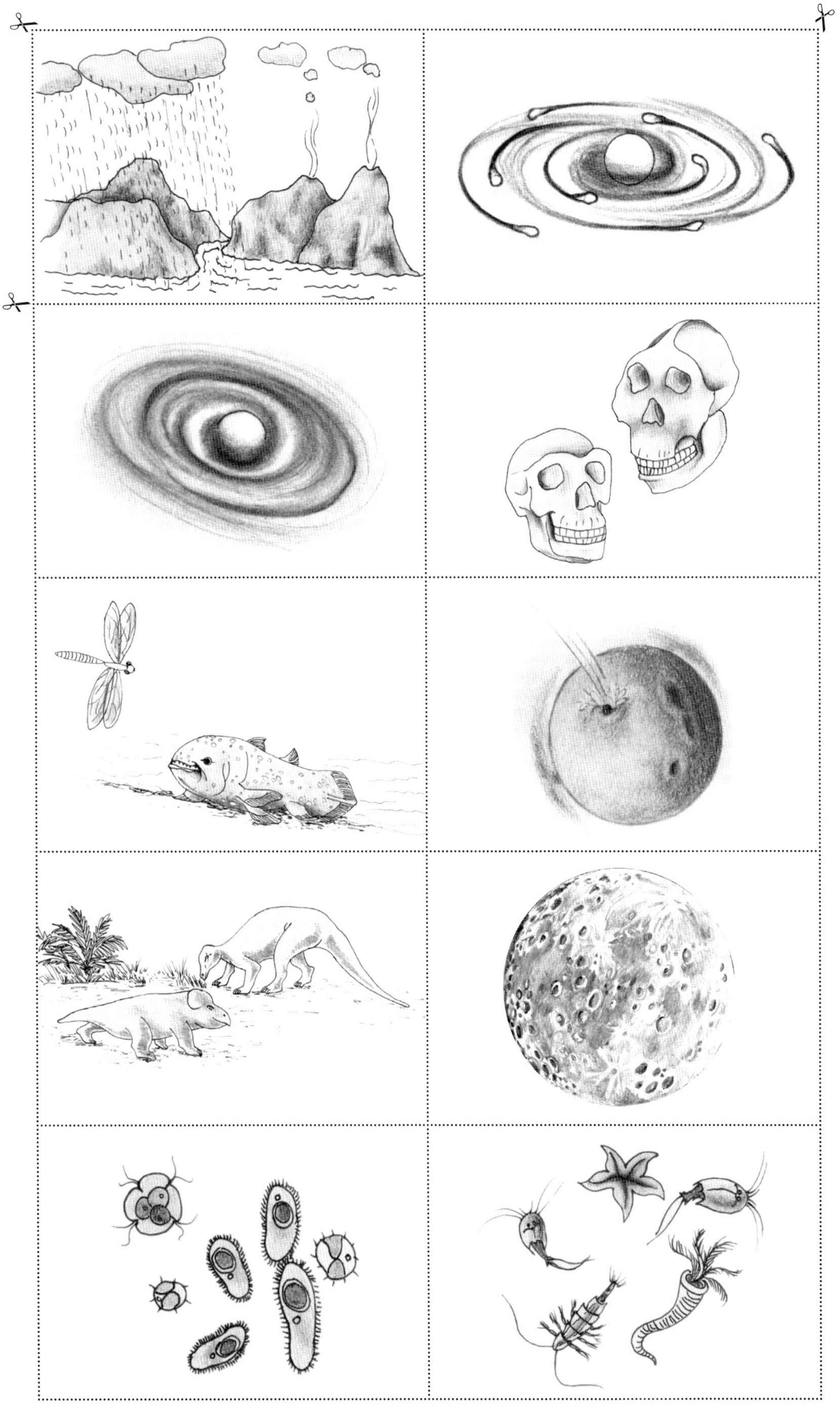

Name: _____ Datum: _____

Unser Sonnensystem

In unserem Sonnensystem gibt es acht Planeten: Merkur, Venus, Erde, Mars, Jupiter, Saturn, Uranus und Neptun. Sie kreisen um die Sonne. Neben den großen Planeten gibt es in unserem Sonnensystem außerdem fünf kleine Planeten. Diese nennt man Zwergplaneten. Auch viele weitere Gesteinsbrocken wie Kometen und Asteroiden kreisen in einer Bahn um unsere Sonne.

Die Planeten Merkur, Venus, Erde und Mars bestehen aus hartem Gestein. Jupiter, Saturn, Uranus und Neptun sind hingegen Gasplaneten. Sie besitzen keine feste Oberfläche.

Manche Planeten haben einen oder mehrere Monde, die sich um sie drehen.
Wenn die Erde einmal um die Sonne gekreist ist, ist ein Jahr vergangen.

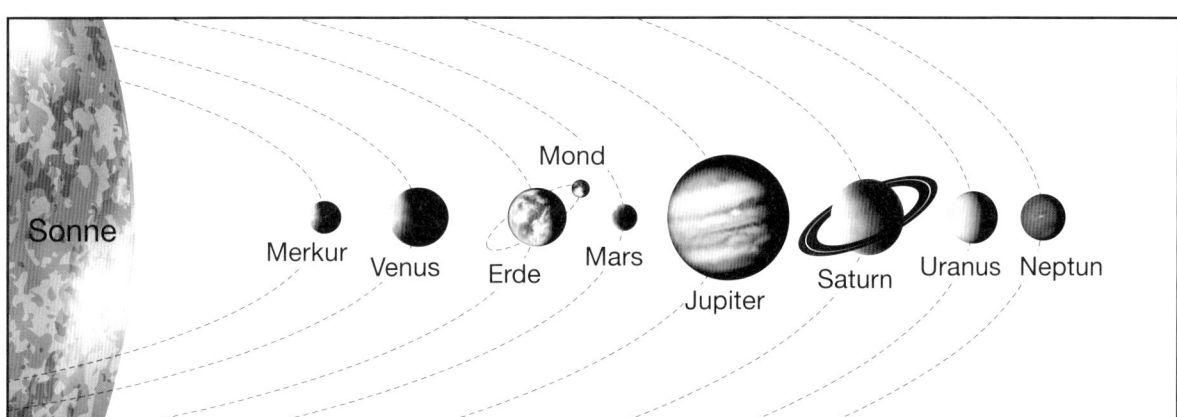

Richtig oder falsch?

	☺	☹
1. Die Sonne ist viel größer als die Planeten.	G	K
2. Die Erde ist der Planet, der der Sonne am nächsten ist.	E	A
3. Erde, Merkur, Mars und Venus bestehen aus festem Material.	S	T
4. Alle Planeten kreisen um die Sonne.	P	F
5. Jupiter, Saturn, Uranus und Merkur sind Gasplaneten.	L	O
6. Die Gasplaneten sind kleiner als die restlichen Planeten.	T	A
7. Die Monde kreisen um die Planeten.	N	K
8. Alle Planeten werden von Monden umrundet.	I	E
9. In einem Jahr dreht sich die Erde genau einmal um sich selbst.	R	T

Lösungswort: __ __ __ __ __ __ __ __ __
             1.   2.   3.   4.   5.   6.   7.   8.   9.

Name: _____ Datum: _____

Warum können wir auf der Erde leben? (1)

In unserem Sonnensystem ist die Erde der einzige Planet, auf dem wir leben können. Das liegt daran, dass für uns der Abstand zur Sonne genau stimmt: Sie ist nicht zu nah oder zu weit entfernt, sodass es auf der Erde nicht zu heiß oder zu kalt für uns ist. Die Sonne versorgt uns mit genau der richtigen Menge Wärme. Außerdem lässt ihr Licht die Pflanzen wachsen. Die Pflanzen geben Sauerstoff ab, den wir zum Atmen brauchen.

Wichtig für das Leben ist auch das Wasser. Menschen, Tiere und Pflanzen könnten nicht leben, ohne etwas zu trinken.

Durch den Wasserdampf hat sich eine Lufthülle um die Erde gebildet: die Atmosphäre. Sie schützt uns vor gefährlichen Strahlen der Sonne. Außerdem funktioniert sie wie ein Treibhaus: Sie hält die Erde warm.

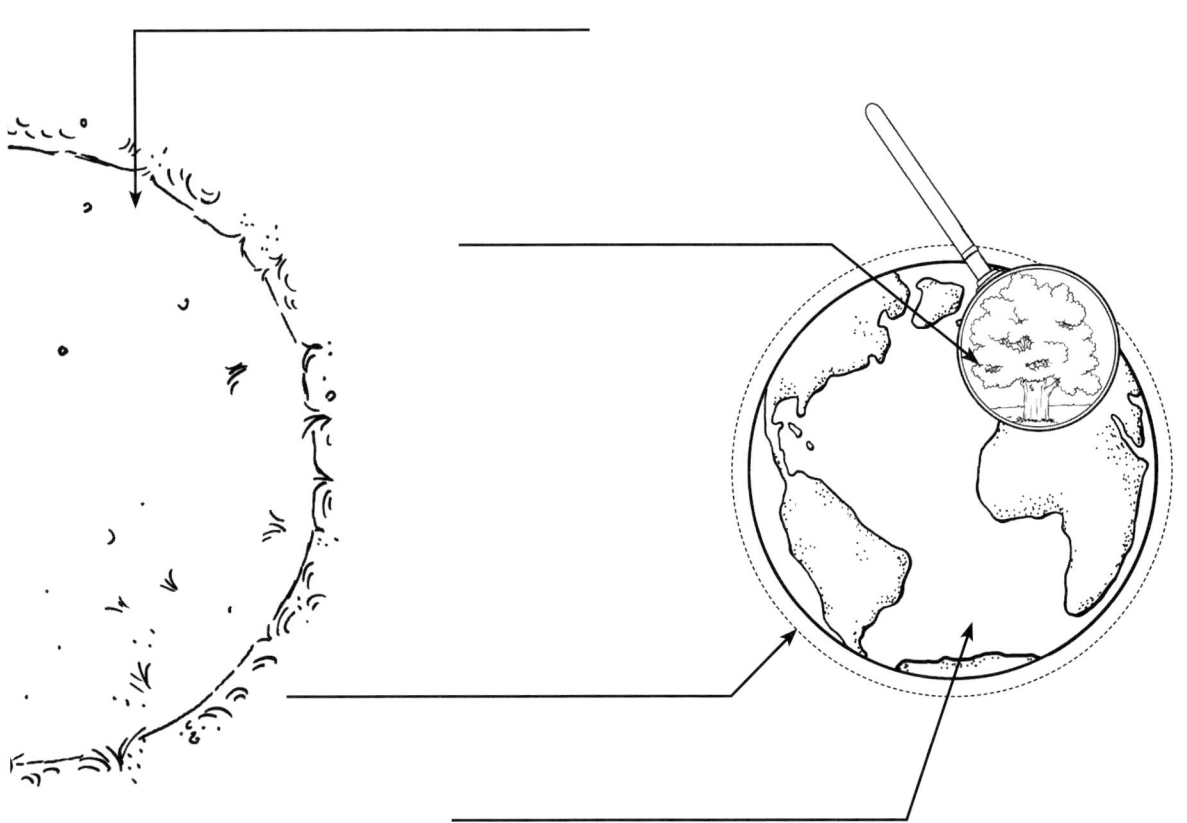

Sonne – Atmosphäre – Pflanzen – Wasser

Name: _____   Datum: _____

Warum können wir auf der Erde leben? (2)

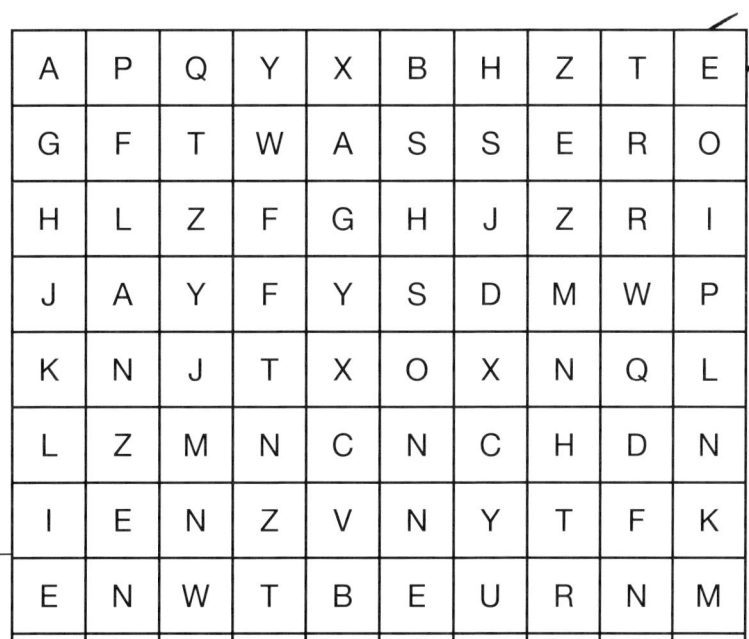

A	P	Q	Y	X	B	H	Z	T	E
G	F	T	W	A	S	S	E	R	O
H	L	Z	F	G	H	J	Z	R	I
J	A	Y	F	Y	S	D	M	W	P
K	N	J	T	X	O	X	N	Q	L
L	Z	M	N	C	N	C	H	D	N
I	E	N	Z	V	N	Y	T	F	K
E	N	W	T	B	E	U	R	N	M
P	S	D	R	N	Q	G	J	M	F
A	T	M	O	S	P	H	Ä	R	E

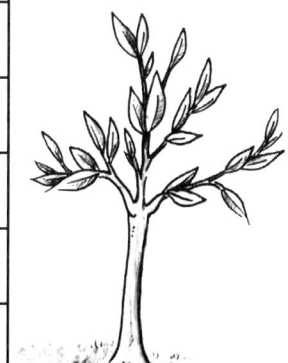

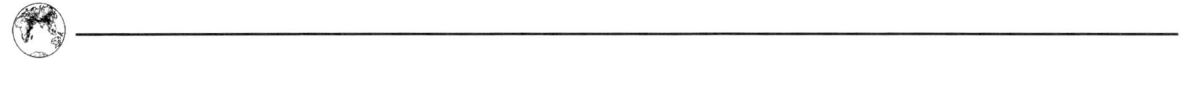

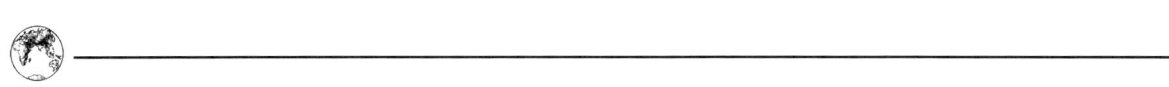

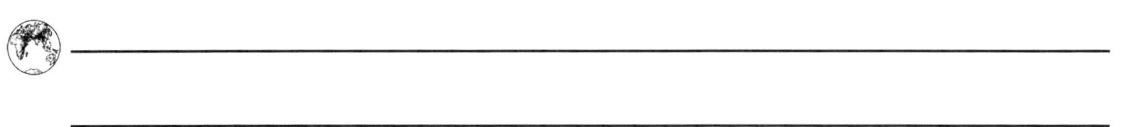

Name: _____ Datum: _____

Wie sieht es in der Erde aus?

Die Erde ist rund wie eine Kugel. Wenn man die Erde mit einem Messer durchschneiden könnte, würde man drei verschiedene Schichten erkennen:

- Ganz außen befindet sich eine dünne, harte Schicht aus Gestein: die **Erdkruste.** Zu ihr gehören die **Kontinente** und **Ozeane.**
  Sie ist viel dünner als die anderen beiden Schichten und umgibt die gesamte Oberfläche der Erde. Je tiefer man bohrt, desto wärmer wird es. In einigen Kilometern Tiefe kann es mit 200 bis 300 °C so heiß wie in einem Backofen sein.

- Unter der Erdkruste befindet sich der **Erdmantel.** Er ist die dickste Schicht der Erde. Im Erdmantel ist es ganz schön heiß: Im oberen Bereich herrschen Temperaturen von einigen hundert Grad und im unteren Bereich sogar über 3 500 °C!

- In der Mitte der Erde liegt der **Erdkern.** Hier ist es sogar bis zu 6 000 °C heiß! Der Erdkern besteht vor allem aus den Metallen Eisen und Nickel.

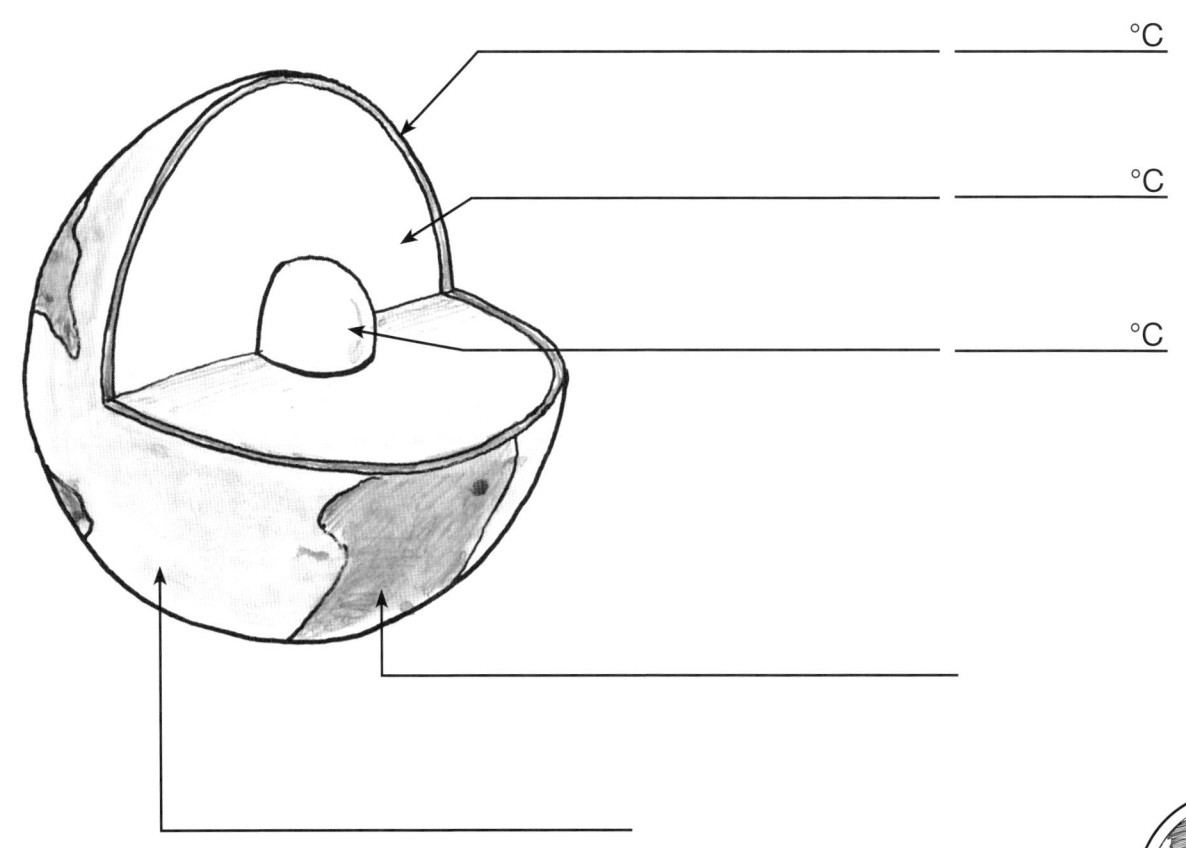

Name: _____ Datum: _____

Die Erdplatten

Die Erdkruste bedeckt die gesamte Oberfläche der Erde. An manchen Stellen ist sie dick, an anderen sehr dünn. Sie hat Risse und Spalten und setzt sich wie ein Puzzle aus vielen verschiedenen Teilen zusammen. Das sind die Erdplatten. Die Erdplatten schwimmen auf dem zähflüssigen Erdmantel. Sie können in unterschiedliche Richtungen treiben. Deshalb ist die Erdkruste in ständiger Bewegung. An den Rändern der Erdplatten entstehen oft Vulkane und es kommt häufig zu Erdbeben.

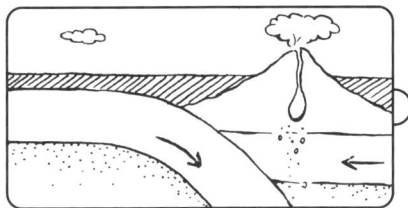

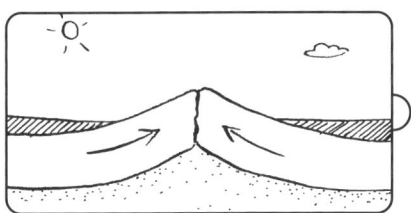

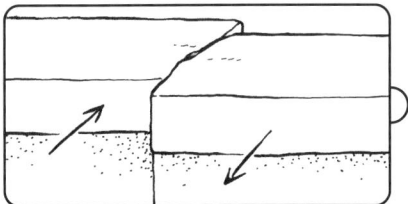

Wenn zwei Erdplatten sich voneinander entfernen, werden sie brüchig.
Es entstehen Ozeane.
Unter Wasser bilden sich riesige vulkanische Gebirge.

Bewegen sich zwei Erdplatten aneinander vorbei, entstehen mächtige Spannungen in der Erdkruste. Es kann starke Erdbeben geben.

Wenn zwei Erdplatten zusammenstoßen, bilden sich hohe Gebirge.

Schiebt sich eine Erdplatte unter eine andere, entstehen Vulkane.

So entstehen Gebirge:

_____

_____

_____

Name: _____ Datum: _____

Experiment: Was passiert bei einem Erdbeben?

Du brauchst:
mehrere Styroporplatten, eine Schüssel mit Wasser, kleine Spielzeugfiguren, Streichhölzer

So geht es:
1. Lege die Styroporplatten auf die Wasseroberfläche. Stelle dann die Spielzeugfiguren darauf.
2. Lasse nun zwei Styroporplatten zusammenstoßen. Was passiert? ✏ Schreibe es auf.

_____
_____

3. Versuche, die Styroporplatten noch in andere Richtungen zu bewegen. Sie können zum Beispiel aneinander vorbeigleiten, auseinandergezogen werden und dabei brechen oder sich verhaken.
4. Baue nun aus den Streichhölzern auf einer Styroporplatte einen kleinen Turm. Lasse die Styroporplatte mit einer andern zusammenstoßen und beobachte, was passiert.

Jetzt weißt du, was bei einem Erdbeben geschieht!

a) Die Erdplatten schwimmen auf dem Erdmantel wie _____
_____

b) Wenn zwei Erdplatten zusammenstoßen oder sich verhaken, dann _____
_____

c) Was passiert dann mit den Häusern der Menschen? _____
_____

Name: _____ Datum: _____

Wie bricht ein Vulkan aus?

Glühend heißes Magma steigt aus dem oberen Erdmantel auf. Es sammelt sich in riesigen Magmakammern in der Erdkruste. Ständig strömt neues Magma nach. Wenn eine Magmakammer voll ist und der Druck zu groß wird, durchbricht das heiße Gestein die Erdkruste: Es steigt den Schlot hinauf und sprudelt aus dem Krater heraus. Ein Teil der Lava strömt den Hang hinunter, ein anderer Teil wird in der Luft in unzählige kleine Fetzen zerrissen. Daraus entsteht eine riesige Aschewolke.

Magma oder Lava?
Solange das heiße Gestein sich im Inneren der Erde befindet, nennt man es Magma. Wenn es die Erdoberfläche durchbrochen hat, heißt es Lava.

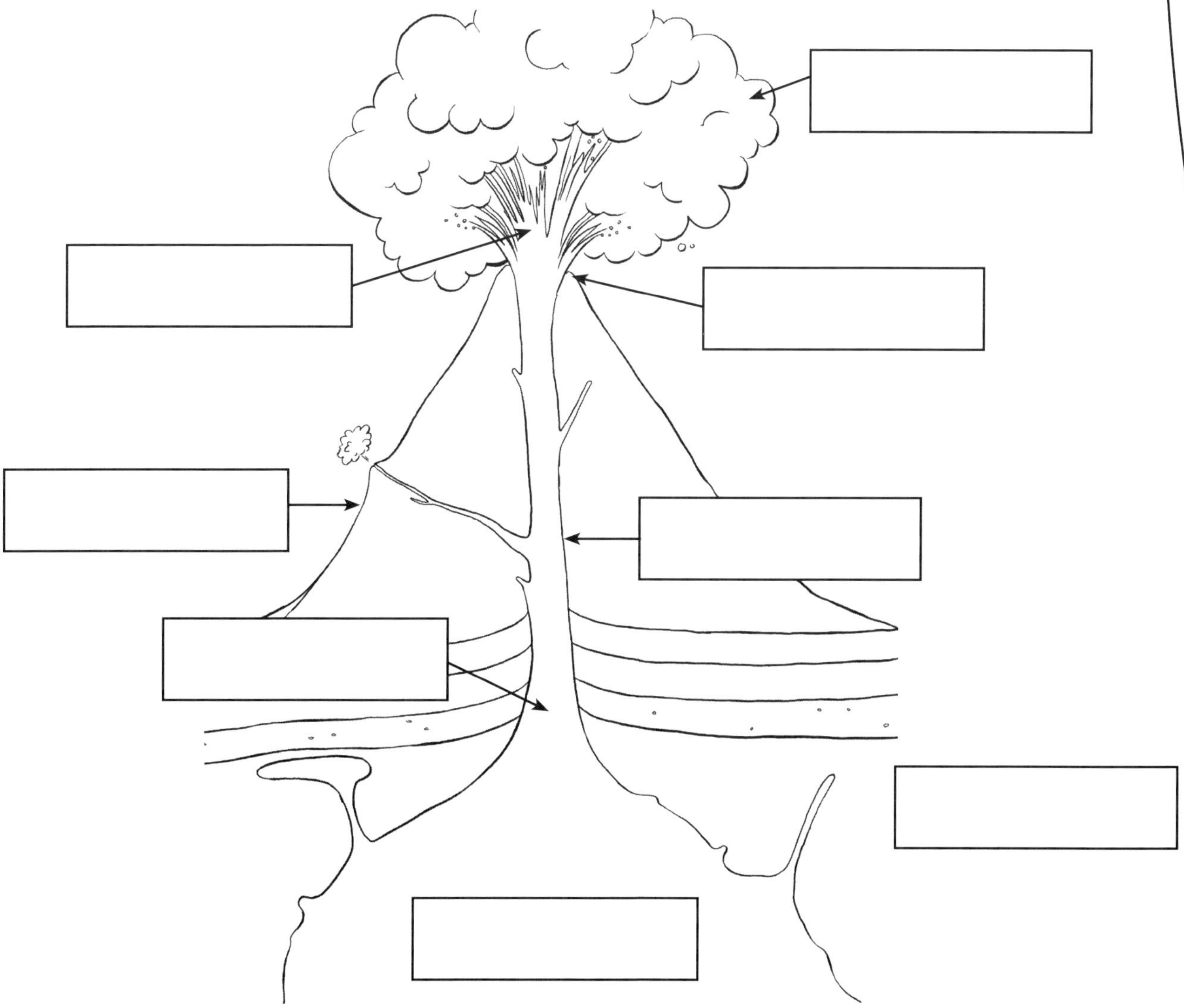

Magmakammer	Schlot	Krater	Lava
Magma	Aschewolke	Hang	Erdkruste

Hohe Gebirge (1)

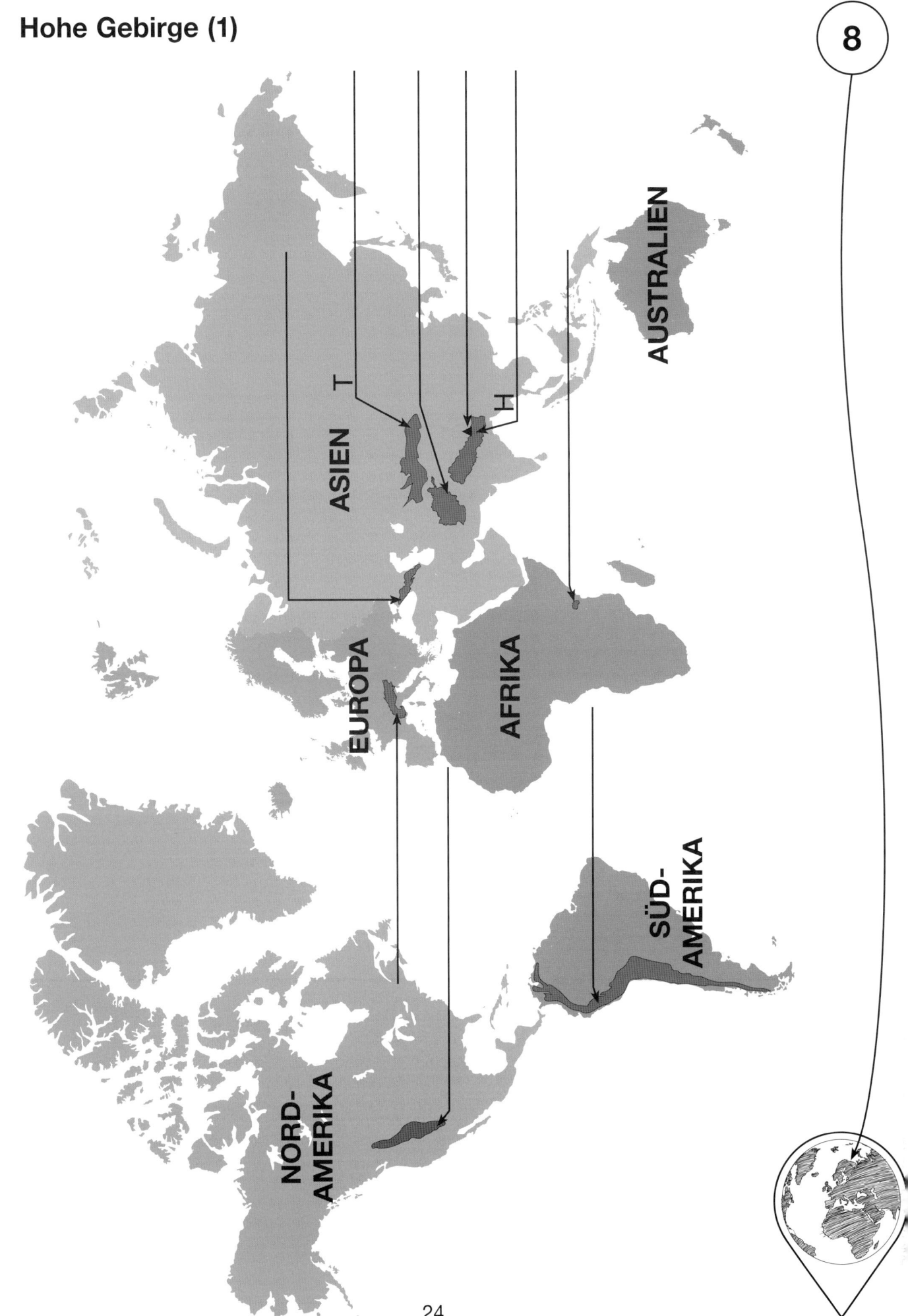

Name: _____   Datum: _____

Hohe Gebirge (2)

- Europas höchstes Gebirge sind die **Alpen.**
- Die **Rocky Mountains** durchziehen Nordamerika.
- Das höchste Gebirge in Afrika ist der **Kilimandscharo.**
- Der **Himalaja** ist das mächtigste Gebirge in Asien.
- Der **Hindukusch** ist ein Nachbargebirge des Himalaja.
- Europa und Asien werden vom **Kaukasus** getrennt.
- Die **Anden** sind eine Verlängerung der Rocky Mountains.
- Ebenfalls in Asien befindet sich der **Tian Shan.**

Wie heißen diese Gebirge?

n d n e A

p A n e l

i a H a j m l a

K a d c m l a n h o r s i

Die Atmosphäre (1)

Die Erde wird von einer dünnen Lufthülle umgeben. Diese nennt man Atmosphäre. Die Atmosphäre besteht aus verschiedenen, unsichtbaren Gasen, wie zum Beispiel Sauerstoff und Stickstoff. Nahe am Erdboden ist die Lufthülle am dichtesten. Je weiter man sich von der Erde entfernt, desto dünner wird die Atmosphäre.

Die Atmosphäre besteht fünf Schichten:

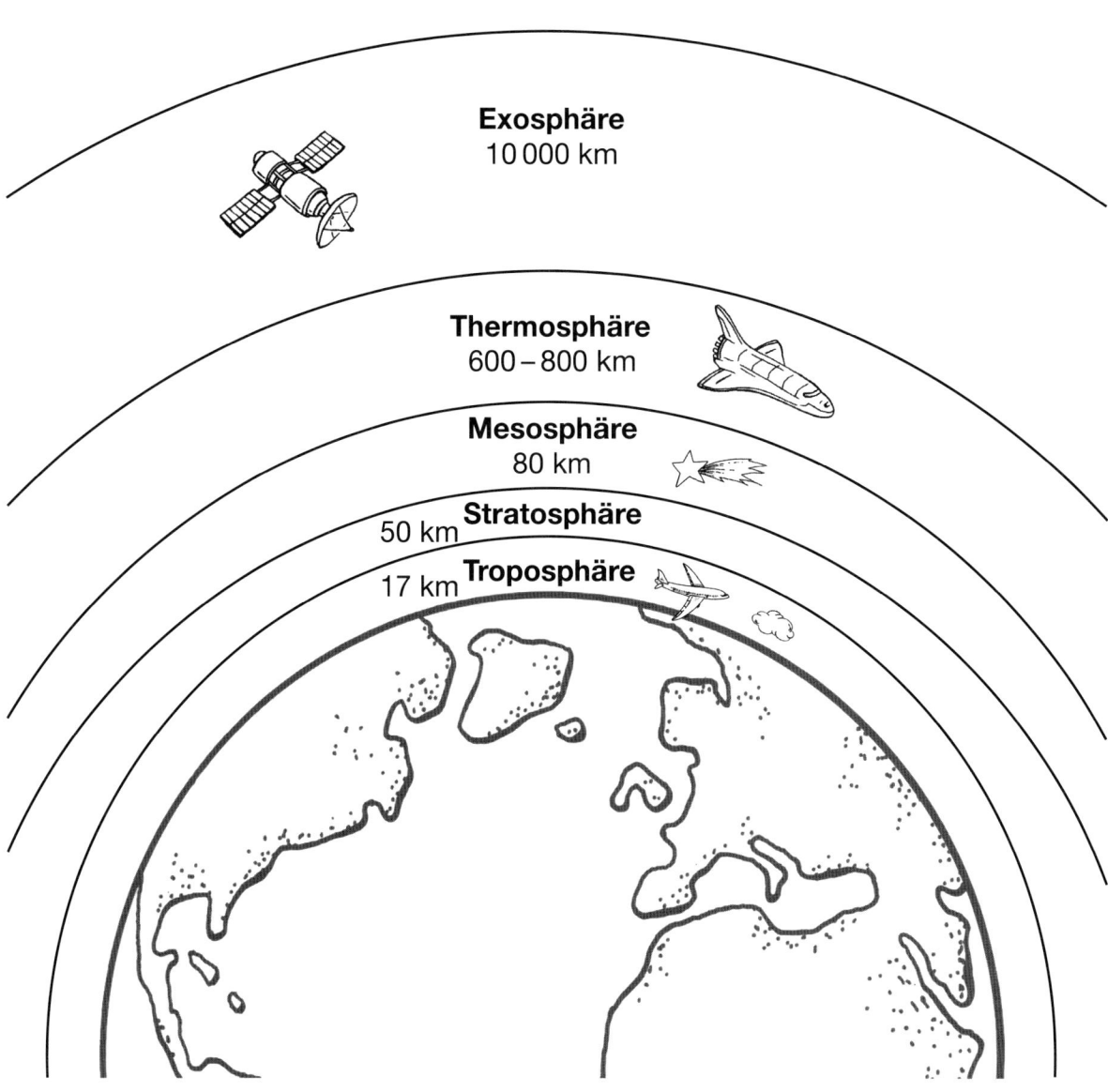

In der **Exosphäre** geht die Atmosphäre in das Weltall über. Dort kreisen Satelliten.
In der **Thermosphäre** entsteht das Polarlicht und dort fliegen auch Space Shuttles.
In der **Mesosphäre** ist es sehr kalt.
In der **Stratosphäre** ist der Himmel immer strahlend blau. In ihr liegt die Ozonschicht, die einen Teil der gefährlichen UV-Strahlung der Sonne abfängt.
Die Wolken bilden sich in der **Troposphäre**. In dieser Schicht fliegen auch Flugzeuge.

Name: _____ Datum: _____

Die Atmosphäre (2)

1. ✎ Beschrifte die Abbildung richtig.

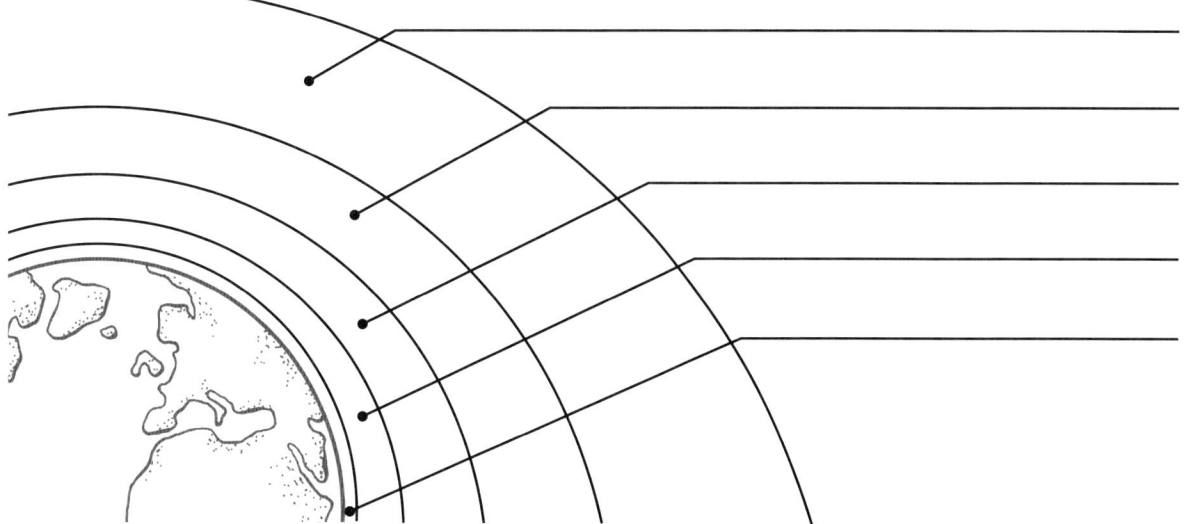

2. Bis in welche Höhe reicht die Troposphäre?

_____

3. Wo liegt die Ozonschicht und warum ist sie für uns so wichtig?

_____

_____

4. In welcher Schicht umrunden Satelliten die Erde?

_____

5. Was gibt es in diesen Schichten der Atmospähre? ✎ Male es in die Kästen.

Troposphäre   **Thermosphäre**

Name: _____   Datum: _____

Der Kreislauf des Wassers

	Die Flüsse fließen ins Meer.
	Die Sonne erwärmt das Meer: Das Wasser verdunstet.
	Der Wind bewegt die Wolken.
	Das Wasser versickert im Boden. Das Grundwasser fließt ins Meer.
	Es schneit.
	Es regnet.
	Der Wasserdampf kondensiert. Es entstehen viele winzige Wassertröpfchen. Sie bilden Wolken.

Name: _____ Datum: _____

Ozeane und große Flüsse (1)

11

Ozeane und große Flüsse (2)

1. Welcher Fluss fließt durch Südamerika?
2. Der Kongo mündet in den ...
3. Dieser Fluss verläuft durch Australien.
4. Der ... und der Kongo fließen durch Afrika.
5. Den Mississippi-Missouri findet man in ...
6. Welcher Fluss fließt zwischen Europa und Asien?
7. So heißen die Weltmeere: Indischer, Altantischer und ...
8. Die ... fließt durch Europa.
9. Dies ist der kleinste Ozean.
10. Welcher Fluss fließt durch Asien und mündet in den Pazifischen Ozean?

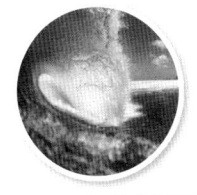

Lösungssatz: In Deutschland kann man in der _ _ _ _ _ _ _ schwimmen.

Name: _____ Datum: _____

Der Globus – ein Modell der Erde

Ein Globus ist ein kleines Modell der Erde. Auf ihm sind alle Kontinente, Länder und Ozeane abgebildet.

Oben befindet sich der **Nordpol,** unten der **Südpol.** Wenn man sich eine Linie vom Nordpol bis zum Südpol denkt, die mitten durch die Erde verläuft, erhält man die Erdachse. Um die Erdachse dreht sich die Erde.

Wenn du dir den Globus genau anschaust, siehst du, dass die Erdachse nicht genau von oben nach unten verläuft, sondern etwas schräg ist. Die Erde dreht sich um eine leicht geneigte Achse.

Auf dem Globus sind viele Linien eingezeichnet. Diese haben unterschiedliche Namen.

In der Mitte der Erde liegt der **Äquator.** Er umgibt die Erde wie ein Gürtel und teilt sie in zwei Teile. Oberhalb des Äquators liegt die **Nordhalbkugel,** unterhalb des Äquators befindet sich die **Südhalbkugel.**

Zwischen dem Äquator und den beiden Polen finden sich noch viele solcher Linien, die die Erde umrunden. Sie heißen **Breitengrade.**

Die Linien, die vom Nordpol bis zum Südpol verlaufen, heißen **Längengrade.**

Die Breitengrade und die Längengrade bilden zusammen ein Gradnetz. Mit Hilfe des Gradnetzes kann man sich auf dem Globus und auf Landkarten orientieren und die genaue Lage eines Ortes angeben.

Name: _____ Datum: _____

Die Erde – ein riesiger Magnet (1)

Experiment
Du brauchst: einen Faden, einen grün-roten Stabmagneten, ein Blatt Papier, durchsichtiges Klebeband, einen roten und einen grünen Buntstift, einen Bleistift

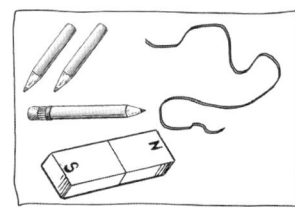

So geht es:
1. Klebe das Blatt Papier vor dich auf den Tisch. Lege alle Materialien bereit.
2. Schaue dir den Stabmagneten gut an. Die rote Seite ist der Nordpol, die grüne Seite der Südpol.
3. Knote nun den Faden um die Mitte des Magneten.
4. Was wird passieren, wenn du den Magneten am Faden in der Luft hängen lässt?

Meine Vermutung:

_____

_____

Lasse den Magneten nun waagerecht am Faden in der Luft hängen.
Achtung: Halte deine Hand dabei so ruhig wie möglich!

Meine Beobachtung:

_____

_____

5. Stelle den Magneten in der gleichen Position auf das Blatt Papier. Male ihn ab.
6. Vergleiche nun mit deinen Mitschülern: Hat der Magnet bei euch allen in die gleiche Richtung gezeigt?

☐ ja   ☐ nein

Findest du eine Erklärung dafür?

Meine Erklärung:

_____

_____

Name: _____   Datum: _____

Die Erde – ein riesiger Magnet (2)

> Pole – Norden – Magnetfeld – anziehen – Kompass – magnetische Südpol

Die Erde wird von einem _____ umgeben. Wie ein Stabmagnet besitzt auch sie zwei _____ : einen Nordpol und einen Südpol. Da sich gleiche magnetische Pole abstoßen und ungleiche Pole _____ , zeigt der Nordpol des Magneten zum magnetischen Südpol und umgekehrt. Dabei gibt es ein Problem: Der _____ _____ liegt in der Nähe des geografischen Nordpols. Deshalb ist in der Richtung, in die die Nordpolseite des Magneten zeigt, tatsächlich _____ . Genauso wie der Magnet funktioniert auch ein _____ .

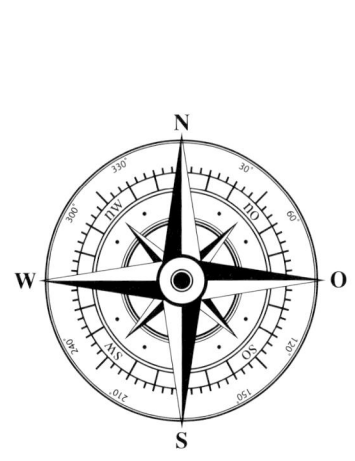 

Warum fallen wir nicht von der Erde hinunter?

Interview mit einem Experten

Jannis: Herr Maier, können Sie uns sagen, warum wir nicht von der Erde hinunterfallen?

Herr Maier: Tja, das ist eine gute Frage. Aber die Antwort ist ganz einfach: Wegen der Schwerkraft. Sie hält uns alle auf der Erde fest. Das erkennt ihr auch daran, dass alle Gegenstände immer auf den Boden fallen.

Jannis: Aha, und die Schwerkraft geht von der Erde aus?

Herr Maier: Ja, die Erde ist so groß, dass sie eine ganz schöne Kraft hat.

Jannis: Und warum stehen die Menschen auf der Südhalbkugel nicht auf dem Kopf?

Herr Maier: Also, das ist so: Im Weltall gibt es kein oben und unten, auch wenn wir uns das gar nicht vorstellen können. Für uns Menschen ist immer dort unten, wo die Schwerkraft hin wirkt, also in Richtung Erdkern. Und oben ist die entgegengesetzte Richtung, also dort, wo der Himmel ist.

Jannis' Zusammenfassung:
Dass wir nicht von der Erde fallen, liegt an der Leichtkraft. Diese ist so schwach, dass sie uns alle festhält. Deshalb fallen auch alle Gegenstände in den Himmel, wenn man sie loslässt. Auch dass die Menschen auf der Nordhalbkugel nicht auf dem Kopf stehen, hat mit der Schwerkraft zu tun: Für uns Menschen ist immer in der Richtung oben, in die die Schwerkraft wirkt, also in Richtung Erdkern.

Name: _____ Datum: _____

Großstädte der Erde

Auf der Erde gibt es sehr viele Städte. Über die Hälfte aller Menschen lebt heute in Städten. Und die Städte wachsen immer schneller.

- Moskau (Russland): 15,1 Millionen
- Lagos (Nigeria): 13,5 Millionen
- Peking (China): 19,6 Millionen
- São Paulo (Brasilien): 21,7 Millionen
- Berlin (Deutschland): 3,6 Millionen
- Kairo (Ägypten): 20,1 Millionen
- New York (USA): 19,9 Millionen
- Tokio (Japan): 37,5 Millionen
- Jakarta (Indonesien): 30,0 Millionen
- Paris (Frankreich): 12,5 Millionen

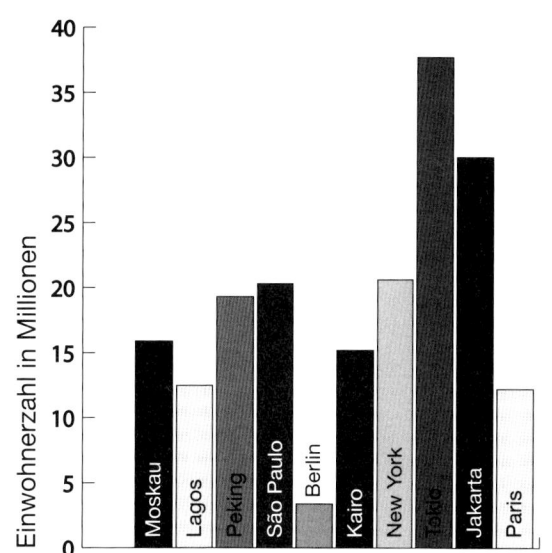

Stadt	Einwohnerzahl
1.	
2.	
3.	
4.	
5.	
6.	
7.	
8.	
9.	
10.	
meine Stadt:	

Name: _____ Datum: _____

Das Leben in den Großstädten

Auf der Erde gibt es sehr viele Städte, die ständig größer werden. Vor allem in Afrika, Südamerika und Asien ziehen immer mehr Menschen vom Land in die großen Städte. Die Menschen hoffen, dort ein besseres Leben führen zu können. Allerdings passiert oft genau das Gegenteil: Viele Menschen finden keine Arbeit und leben unter ärmlichen Bedingungen in sogenannten Elendsvierteln. Diese Viertel nennt man auch Slums. Oft gibt es in den großen Städten nicht genug sauberes Wasser zum Trinken, nur eine Mahlzeit am Tag und eine Familie muss sich einen einzigen Raum zum Wohnen und Schlafen teilen.

Viele Kinder sind arm und leben auf der Straße. Das ist gefährlich, weil es dort viele Banden und Diebe gibt.

In den Städten leben allerdings auch viele reiche Menschen. Sie arbeiten zum Beispiel in Banken und Büros. Ihre Wohngebiete sind oft mit einer hohen Mauer umgeben. So sind sie gut vor Einbrechern geschützt.

ASIATISCHE GROSSTADT / ASIATISCHE SLUMS

AFRIKANISCHE GROSSTADT / AFRIKANISCHE SLUMS

So lebt man in _____

16

Tropischer Regenwald

Im tropischen Regenwald ist es immer warm und es regnet viel. Dadurch können die Bäume gut wachsen. Im dichten Dschungel gibt es bis zu 60 Meter hohe Baumriesen, Lianen und viele weitere Pflanzen.
Die Bäume bilden ein riesiges Blätterdach, sodass Regen und Licht kaum auf den Boden gelangen können.

17

Savannen

Bei Savannen handelt es sich um weites Grasland, in dem einzelne Bäume wachsen. Während der Trockenzeit regnet es dort mehrere Monate lang nicht. Es kommt oft zu Bränden. Wenn die Regenzeit einsetzt, sprießen die Gräser wieder und an den Bäumen bilden sich neue Knospen.

Steppen

In Steppen wachsen nur Gräser, jedoch keine Bäume. Die Winter sind ziemlich kalt, die Sommer sehr heiß. Oft gibt es in den Steppen Brände. Es regnet eher selten und es herrscht Wassermangel.

Wälder der gemäßigten Zone

Zu diesen Wäldern gehören riesige Nadelwälder. Sie wachsen auch dort, wo es im Winter sehr kalt ist und der Boden auch im Sommer noch gefroren ist.
Wo ein wärmeres Klima herrscht, sind Laub- und Mischwälder verbreitet. Dort regnet es oft, sodass die Bäume gut wachsen können.

Tundra

In der Tundra wachsen Flechten, Moose, Gräser und manchmal auch kleine Sträucher oder Bäume. Das Klima ist dort sehr rau, die Winter sind lang und kalt. Der Boden ist oft das ganze Jahr über gefroren. Nur während einer kurzen Zeit im Sommer ist es warm genug, damit Pflanzen wachsen können.

Polargebiete

Die Polargebiete sind das ganze Jahr über von einer dicken Schicht aus Eis bedeckt. Dort ist es so kalt, dass keine Pflanzen wachsen. Im Winter geht die Sonne oft viele Tage oder sogar Monate lang nicht auf.

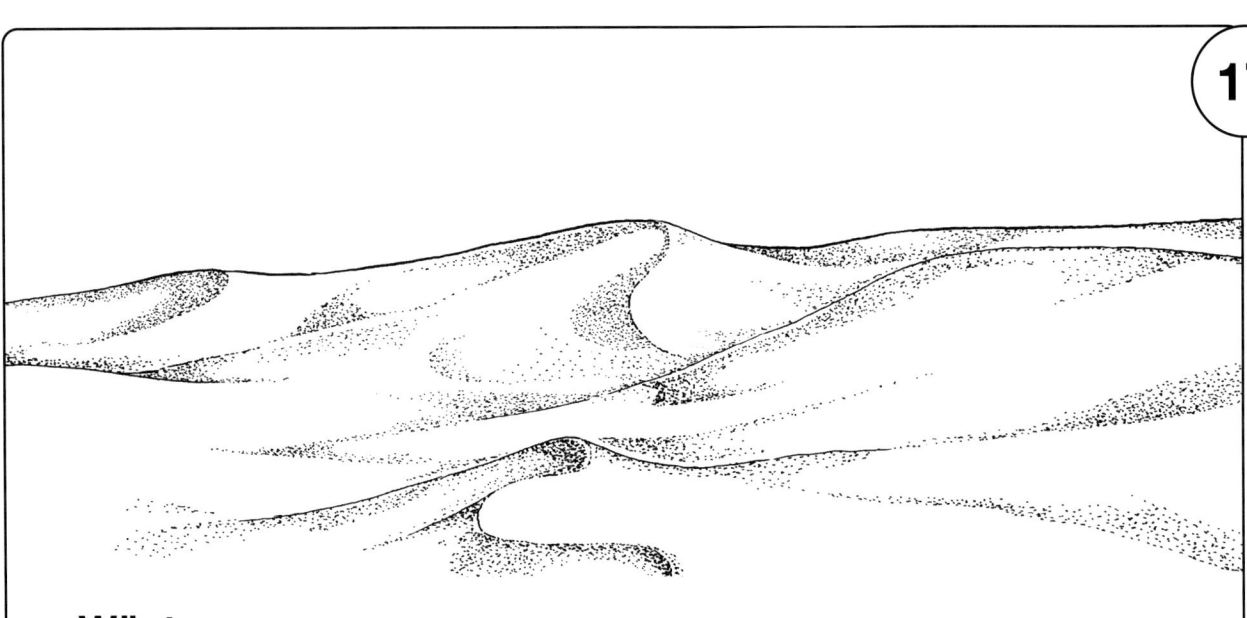

Wüsten

Wüsten sind sehr trockene Gebiete. Manchmal regnet es dort nur alle zehn Jahre. Tagsüber wird es sehr heiß und nachts ziemlich kalt.
Der Boden besteht aus Sand oder Steinen, in denen das Wasser rasch versickert. In vielen Wüsten wachsen keine Pflanzen. Wo es etwas feuchter ist, kann man Kakteen entdecken.

Name: _____   Datum: _____

Landschaften und ihre Tiere (1)

(17)

Ich ernähre mich von Gräsern und Sträuchern. Meine Nachbarn sind Schneehasen und Wölfe.

Ich wohne in der _____ .

Ich schwinge mich in hohen Bäumen von Ast zu Ast und lebe mit vielen anderen Tieren zusammen, zum Beispiel Papageien, Leoparden und Krokodile. Die Landschaft, in der ich lebe,

heißt _____ .

Wir leben in großen Herden im Grasland. Dort wachsen keine Bäume. Auch Antilopen und Wildpferde fühlen sich hier wohl.

Diese Landschaft heißt _____ .

Mein dickes Fell und meine Speckschicht sorgen dafür, dass mir nicht kalt wird. Auch Pinguinen, Robben, Polarfüchsen und Walen macht die eisige Kälte nichts aus.

Ich lebe in den _____ .

Bei uns ist es heiß und es gibt nur wenig Wasser. Tagsüber verstecke ich mich unter Steinen.
Auch Eidechsen, Schlangen und Kamele leben hier.

Ich lebe in der _____ .

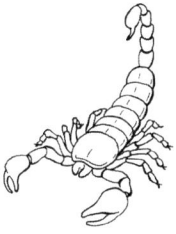

Wir leben zusammen mit Gnus, Löwen und Zebras im weiten Grasland. Während der Trockenzeit regnet es mehrere Monate lang nicht. Die Landschaft, in der

wir leben, heißt _____ .

Wir fühlen uns vor allem im Wald wohl. Uhus, Rehe und Füchse sind unsere Nachbarn.

Wir leben in den _____
_____ .

41

Name: _____ Datum: _____

Landschaften und ihre Tiere (2)

Lösungen

zu S. 17: „Unser Sonnensystem"
Lösungswort: GASPLANET

zu S. 19: „Warum können wir auf der Erde leben?"

	P							
	F	W	A	S	S	E	R	
	L							
	A		S					
	N		O					
	Z		N					
	E		N					
	N		E					
A	T	M	O	S	P	H	Ä	R	E

zu S. 20: „Wie sieht es in der Erde aus?"

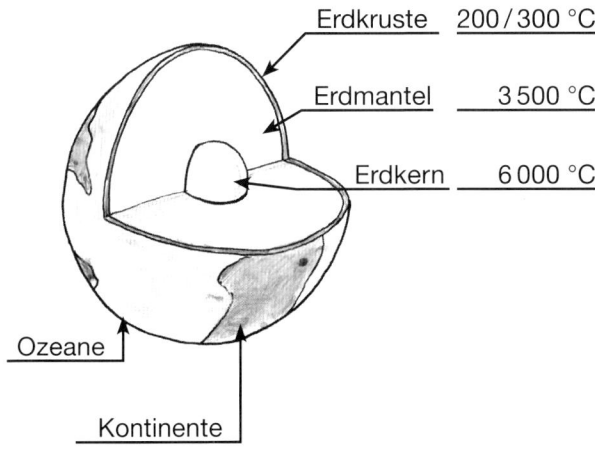

Erdkruste 200/300 °C
Erdmantel 3 500 °C
Erdkern 6 000 °C
Ozeane
Kontinente

zu S. 21: „Die Erdplatten"

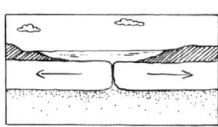 Wenn zwei Erdplatten sich voneinander entfernen, werden sie brüchig. Es entstehen Ozeane. Unter Wasser bilden sich riesige vulkanische Gebirge.

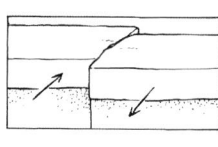 Bewegen sich zwei Erdplatten aneinander vorbei, entstehen mächtige Spannungen in der Erdkruste. Es kann starke Erdbeben geben.

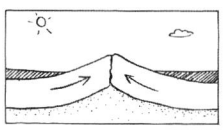 Wenn zwei Erdplatten am Land zusammenstoßen, bilden sich hohe Gebirge.

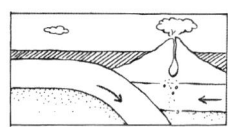 Schiebt sich eine Erdplatte unter eine andere, entstehen Vulkane.

zu S. 23: „Wie bricht ein Vulkan aus?"

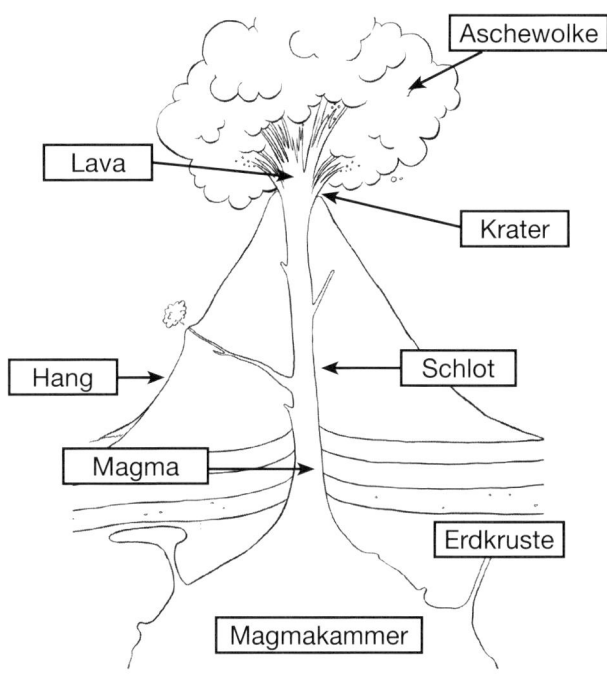

zu S. 30: „Ozeane und große Flüsse"

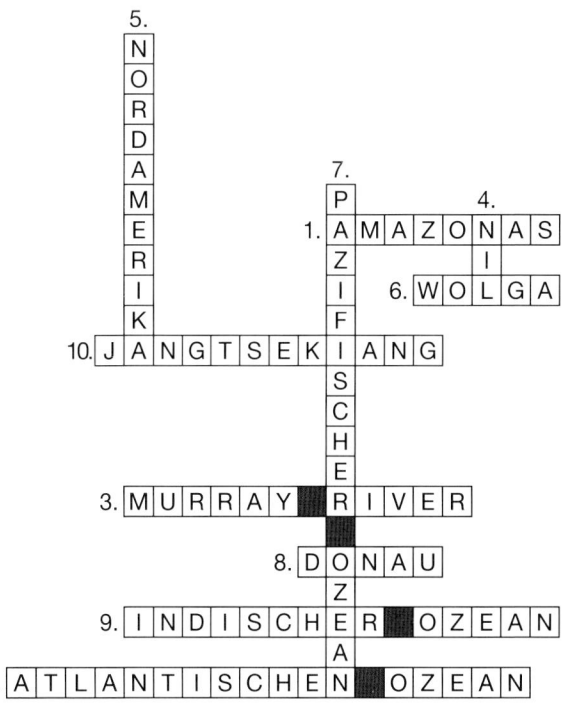

43

zu S. 31: „Der Globus – ein Modell der Erde"

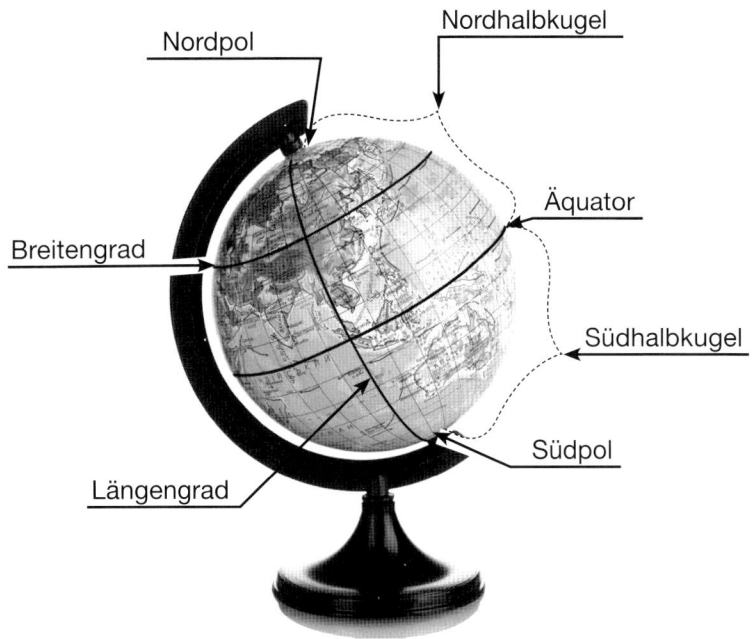

zu S. 35: „Großstädte der Erde"

Stadt	Einwohnerzahl
1. Tokio	37,7
2. Jakarta	30,0
3. New York	20,6
4. São Paulo	20,3
5. Peking	19,3
6. Moskau	15,9
7. Kairo	15,2
8. Lagos	12,5
9. Paris	12,2
10. Berlin	3,4

zu S. 41: „Landschaften und ihre Tiere (1)"

- Elch: **Tundra**
- Schimpanse: **Tropischer Regenwald**
- Bison: **Steppe**
- Eisbär: **Polargebiet**
- Skorpion: **Wüste**
- Elefant: **Savanne**
- Wildschwein: **Wälder der gemäßigten Zone**